essentials

Springer Essentials sind innovative Bücher, die das Wissen von Springer DE in kompaktester Form anhand kleiner, komprimierter Wissensbausteine zur Darstellung bringen. Damit sind sie besonders für die Nutzung auf modernen Tablet-PCs und eBook-Readern geeignet. In der Reihe erscheinen sowohl Originalarbeiten wie auch aktualisierte und hinsichtlich der Textmenge genauestens konzentrierte Bearbeitungen von Texten, die in maßgeblichen, allerdings auch wesentlich umfangreicheren Werken des Springer Verlags an anderer Stelle erscheinen. Die Leser bekommen „self-contained knowledge" in destillierter Form: Die Essenz dessen, worauf es als „State-of-the-Art" in der Praxis und/oder aktueller Fachdiskussion ankommt.

Reinhard Winter

Jungenpolitik

 Springer VS

Reinhard Winter
Sozialwissenschaftliches Institut
Tübingen (SOWIT)
Tübingen, Deutschland

ISSN 2197-6708
ISBN 978-3-658-05119-8
DOI 10.1007/978-3-658-05120-4

ISSN 2197-6716 (electronic)
ISBN 978-3-658-05120-4 (eBook)

Die Deutsche Nationalbibliothek verzeichnet diese Publikation in der Deutschen Nationalbibliografie; detaillierte bibliografische Daten sind im Internet über http://dnb.d-nb.de abrufbar.

Springer VS

Springer VS ist eine Marke von Springer DE. Springer DE ist Teil der Fachverlagsgruppe Springer Science+Business Media
www.springer-vs.de

Vorwort

Seit einigen Jahren hat sich in deutschsprachigen Ländern Männerpolitik als eigenständiger Diskurs von Geschlechterpolitiken etabliert. Es war längst überfällig, dies darzustellen und zu bündeln. Im Jahr 2012 erschien dann endlich – herausgegeben von Markus Theunert – das wegweisende Buch „Männerpolitik – Was Jungen, Männer und Väter stark macht". Die vorliegende Veröffentlichung stellt eine überarbeitete Fassung meines Beitrags in diesem Band dar.

Erstmals und systematisch wurde in dem Buch die ganze Bandbreite jungen- und männerbezogener Politik aufgeschlossen und abgebildet. Die besondere Leistung des Herausgebers bestand darin, eigenständige Positionierungen unterschiedlicher Aspekte jungen- und männerbezogener Politik zu ermöglichen, ohne Mädchen- und Frauenpolitik oder feministische Ansätze abzuwerten. Das Buch avancierte zum Referenzwerk zur Männerpolitik im deutschsprachigen Raum. Kritik daran gab es allenfalls aus männerrechtlerischen Randgebieten, was wiederum als besondere Auszeichnung für Anlage und Qualität des Buchs zu werten ist.

In diesem Band sind zwei Beiträge der Jungenpolitik gewidmet (von insgesamt 19 Aufsätzen). Die Zielgruppe Jungen explizit zu berücksichtigen ist ein weiteres Verdienst des Herausgebers. Denn wenn jungenpolitische Themen unter der Männerpolitik subsumiert werden, droht stets ein Risiko: Jungenperspektiven werden zwar angeblich mit bedacht, aber von der „großen" Männerpolitik schnell erdrückt oder verdeckt. Ähnlich stellt sich die Lage in Zusammenhang mit anderen Politiken dar: Ob in der Jugend-, Familien-, Schul- oder Gesundheitspolitik – der explizite Blick auf Jungen droht hinter allgemeinen Themen zu verschwinden (wie es allerdings auch in Bezug auf die Mädchenperspektive der Fall ist).

Deshalb ist es notwendig, Jungenpolitik stetig und immer wieder als spezifischen Aspekt einer geschlechtsbezogenen politischen Sichtweise hervorzuheben und darzustellen (wie dies für andere Gruppen des männlichen Geschlechts ebenfalls sinnvoll ist, also z. B. alte, arme, migrantische, homosexuelle, bisexuelle Männer). In diesem Beitrag soll das Verständnis einer Jungenpolitik in komprimierter Form entwickelt und in seiner fachlichen Fundierung und Differenzierung beschrieben werden. Dabei ist zu berücksichtigen, dass eine eigenständige jungenpolitische Ausrichtung bisher nur anfang- und ausschnitthaft diskutiert wird. „Die" Jungenpolitik ist insofern nicht darstellbar, weil es sie bislang allenfalls als Splitter gibt, die noch kein erkennbares Bild eines gemeinsamen Verständnisses abgeben. Der Beitrag ist so gesehen eher als Zwischenbilanz zum aktiven Weiterdenken, Weiterentwickeln und Umsetzen in politische Praktiken gedacht.

Tübingen, im Januar 2014   Reinhard Winter

Kontakt:
www.SOWIT.de, www.autoritätstraining.de, reinhard.winter@sowit.de

Inhaltsverzeichnis

Einleitung

1

Der Begriff „Jungenpolitik" erklärt sich bislang nicht von selbst: Wenn es um Geschlechterpolitik geht, taucht er nicht auf. In einschlägigen Fachpublikationen ist er nicht vermerkt. im Internet findet sich dazu nur wenig Substanzielles. wer den Begriff verwendet, erntet skeptische Blicke und wird schnell in eine männerrechtlerisch-revisionistische Ecke gestellt. das alles ist verständlich, denn bislang ist Jungenpolitik nur wenig positioniert. sie muss also definiert, begründet und entwickelt werden.

Jungen und ihre Anliegen wurden bis vor wenigen Jahren weder in Bundes- und Landespolitiken, noch auf der kommunalen politischen Ebene explizit beachtet. Nur geschlechtsneutral, also „als Kinder" bzw. „als Jugendliche", wurden Jungen mit einbezogen, gleichsam „mit-gedacht". Geschlechtsbezogene Aspekte konnten damit aber nicht in den Blick genommen werden, im Gegenteil: Gerade sie blieben oder wurden verdeckt. Erst in den letzten Jahren hat sich diese Lage allmählich verändert: Durch die Medien, die sich auf die Ergebnisse der PISA-Studien oder auf Gesundheitsstatistiken stürzten, durch die breiter aufgestellten Fachdiskurse der Jungenarbeit und -pädagogik, durch Boys' Day-Initiativen und Großprojekte wie in Deutschland das Netzwerk „Neue Wege für Jungs", aber auch durch Fachkräfte, die ihre Schwierigkeiten in der Arbeit mit Jungen benannten; in Deutschland wurde gar auf bundesministerialer Ebene ein „Fachbeirat Jungenpolitik" eingerichtet.

In dieser dynamischen Entwicklungssituation geht es nun darum, einen Begriff der Jungenpolitik zu entwickeln und zu bestimmen, ihn mit Inhalten zu füllen sowie dabei jungenpolitische Interessen zu identifizieren und zu bündeln.

R. Winter, *Jungenpolitik*, essentials,
DOI 10.1007/978-3-658-05120-4_1, © Springer Fachmedien Wiesbaden 2014

Jungenpolitik: Gegenstand, Einordnung und Systematisierung 2

Unter „Jungen" wird eine spezifische Gruppe verstanden: Menschen, die geschlechtlich als „männlich" definiert werden und sich biografisch in ihrer Kindheit oder Jugend befinden. Jungenpolitik vertritt die Interessen einer altersphasen- und geschlechtsbezogenen Teilgruppe von Gesellschaften: Jungen als Kinder, als männliche Jugendliche in der Jugendphase sowie junge Männer vor dem Erwachsenenstatus, die soziokulturell selbständig, aber ökonomisch noch abhängig sind (i. d. R. vor der Aufnahme einer Berufstätigkeit).

Der Begriff „Jungenpolitik" bezeichnet auf der einen Seite politisches Handeln von Männern und Frauen, das sich für die Belange von Jungen einsetzt; aus der Perspektive von Jungen übernimmt Jungenpolitik dabei die fachliche Positionierung und eine Anwaltsfunktion. Auf der anderen Seite kann Jungenpolitik als das politische Handeln von Jungen selbst, als Politik *der* Jungen verstanden werden: Diese Jungenpolitik meint Teilhabe, Partizipation von Jungen, die Jungen eine Stimme gibt und sie befähigt, sich adäquat und wirksam für eigene Interessen einzusetzen; dieser Aspekt wird in diesem Beitrag nicht weiter verfolgt, weil er eher praktische Ansätze in der Arbeit mit Jungen tangiert. Aber auch Jungenpolitik in ersterem Sinn, in dem Erwachsene mit dem Anspruch einer jungenpolitischen Repräsentation antreten, muss fachlich unterstützend und bündelnd wirken und stets beide Zugänge im Blick haben – und, wo möglich, der partizipativen Eigenvertretung von Jungen den Vorrang geben.

Jungenpolitik ist ein Teil der organisierten Lebensgestaltung (etwa in Jugendarbeit oder Schule), der lokalen oder regionalen Beteiligung (etwa in einem Jugendgemeinderat), aber auch der Öffentlichkeit, der Interessengruppen oder der demokratischen Regierung und politischen Verwaltung: Je nach den politischen Ebenen und nach thematischen Interessen und Akzenten ist Jungenpolitik ein Teil der Kinder- und Jugendpolitik, der Familien- und Geschlechterpolitik, der Wirtschaftspolitik, der Verteidigungspolitik, der Bildungspolitik oder der Gesundheitspolitik. Einfach formuliert ist Jungenpolitik eine Politik, die Belange, Interessen

R. Winter, *Jungenpolitik,* essentials,
DOI 10.1007/978-3-658-05120-4_2, © Springer Fachmedien Wiesbaden 2014

und Perspektiven von Jungen, männlichen Jugendlichen und jungen Männern vertritt, sich für Jungen einsetzt und sich dort, wo es nötig ist, aktiv einmischt.

Aus dieser Positionierung heraus braucht es Jungenpolitik besonders dort, wo Männlichkeitsbilder die Wahrnehmung verzerren (z. B. verhindern, Jungen auch als Opfer zu sehen), wo Jungen wegen den ihnen angebotenen Männlichkeitsvorstellungen Probleme bekommen oder machen und wo Jungen strukturell im Zusammenhang mit ihrem Geschlecht oder aufgrund ihres Geschlechts benachteiligt werden, wo sie besonderen Risiken ausgesetzt sind oder geschädigt werden.

Mit eigenständigen Positionen tun sich die wenigen Akteure einer Jungenpolitik bislang allerdings schwer. Denn im Gegensatz zu den Ursprüngen von Mädchenpolitik und -arbeit findet sich auf der Jungenseite kein allgemein akzeptierter theoretischer Hintergrund, aus dem politische Forderungen abgeleitet werden können. Auch personell steht Jungenpolitik auf schwankendem Boden: Neben ausgewiesenen Jungenexperten und fachlich versierten Praktikern tummeln sich Co-Feministen (Theunert 2013), jungenbewegte Überzeugungstäter und Aktivisten aus männerrechtlerischen Splittergruppen im kleinen Feld der Jungenpolitik. Dass es dann schwierig ist, politische Positionierungen zu entwickeln, liegt auf der Hand.

Neben fachlichen Begründungen lässt sich jungenpolitisches Handeln auch rechtlich fundieren. In Deutschland formuliert etwa das Grundgesetz (Art. 3, 2), dass „Männer und Frauen (…) gleichberechtigt" sind, dass der Staat „die tatsächliche Durchsetzung der Gleichberechtigung von Frauen und Männern" fördert und „auf die Beseitigung bestehender Nachteile" hin wirkt. Im Abschn. 3 wird betont, dass „niemand (…) wegen seines Geschlechtes (…) benachteiligt oder bevorzugt werden" darf. Diese Perspektiven können sich selbstverständlich auch auf die Diskriminierung von Jungen beziehen: Dort, wo Benachteiligungen von Jungen und Männern erkennbar werden und diesen von den entsprechenden Instanzen nicht adäquat begegnet wird, sind jungenpolitische Initiativen berechtigt und gefragt, um dies zu ändern (also beispielsweise in Bezug auf Gesundheit, Suizid, Suchtmittelmissbrauch, Gewalterfahrungen, Versorgung mit gleichgeschlechtlichen Identifikationsfiguren in der primären Erziehung oder der Wehrpflicht).

Eine weitere rechtliche Begründung für Jungenpolitik leitet sich in Deutschland auch aus dem Kinder- und Jugendhilfegesetz (KJHG, SGB VIII) ab. Hier wird im § 1 (Recht auf Erziehung, Elternverantwortung, Jugendhilfe) im ersten Absatz das grundsätzliche Recht jedes jungen Menschen auf „Förderung seiner Entwicklung und auf Erziehung zu einer eigenverantwortlichen und gemeinschaftsfähigen Persönlichkeit" festgeschrieben. Angesichts der mittlerweile breit bekannten jungenbezogenen Problemlagen und Auffälligkeiten (z. B. erkennbar an Jugendhilfe-, Gesundheits-, Gewalt- oder Kriminalitätsstatistiken) kann festgestellt werden, dass dieses Recht offenbar auf der Jungenseite nicht ausreichend eingelöst ist: Durch fehlenden politischen Willen, Desinteresse und mangelhafte Kontrolle ist die Umsetzung in der Breite äußerst beschränkt.

Auch die zu Beginn der 2000er Jahre entstandene Hoffnung, dass durch Gender Mainstreaming die Geschlechterperspektive breiter im jugendpolitischen Handeln und Verwalten verankert werden könnte, wurde enttäuscht: Die Idee des Gender Mainstreaming blieb nach kurzem Aufruhr und halbherziger Umsetzung in den Kinderschuhen stecken; seither ist ihre Umsetzung auf Bundes- und Länderebene schwierig und bleibt oft auf einem „Keyword-Dropping" beschränkt. Wo dann in allen jugendpolitischen Bereichen Geschlecht überhaupt berücksichtigt wird, bleiben Jungen meist „vergessen", die Perspektive reduziert sich auf Mädchen. Hier wären jungenpolitische Ansätze ebenfalls notwendig und fruchtbar, um Jungen, männlichen Jugendlichen und jungen Männern ihre Rechte zu sichern.

Insgesamt wurden politische Anforderungen einer geschlechtsbezogenen Qualifizierung von Bildung und sozialer Arbeit bislang nur wenig eingelöst: eine eigenständige Jungenpolitik ist somit unverzichtbar.

Der rechtliche Zugang beschränkt sich allerdings auf Ungleichheiten als Begründung für Jungenpolitik. Reduziert sich Jungenpolitik darauf, macht sie sich von Ungerechtigkeit abhängig – und bleibt entsprechend aufs Problem fixiert. Ergänzend sind deshalb entwicklungsbezogene Motive vonnöten, die nach den Bedingungen für ein „gutes Jungesein" fragen und sich um ein gelingendes Jungesein kümmern. Hier geht es mehr um Bedürftigkeiten und Bedürfnisse von Jungen: Jungenpolitik nimmt hier insbesondere wahr, was Jungen brauchen, um ihre Geschlechtlichkeit gut entwickeln zu können, aber auch, was durch Männlichkeitsvorstellungen negiert oder unterdrückt wird, und gibt diesen verdeckten Aspekten Begriffe und Räume.

Jungenpolitik trägt dazu bei, dass Jungen etwas Verwehrtes zugeführt werden kann: geschlechtliche Orientierung, Sicherheit und Struktur im Geschlechtlichen. Jungenpolitik verhilft Jungen so auf eine andere Weise zu ihren Rechten: als Beitrag für ein stabiles, sozial verträgliches Junge- und Mannsein, für tragfähige Beziehungen, gesunde Lebensgestaltung, einen guten Beruf, eine schöne Sexualität, ein glückendes und glückliches Leben. Um dafür gute Bedingungen herzustellen, ist selbstverständlich immer auch politische Arbeit erforderlich.

Zusammengefasst ist es das allgemeine Ziel von Jungenpolitik, strukturelle geschlechtsbezogene Bedingungen des Jungeseins positiv zu beeinflussen und die Lebenslagen von Jungen zu verbessern. Diese Anliegen richten sich sowohl auf alle Jungen (auf „die" Jungen), wie auch auf spezielle Jungen, also auf Jungen in besonderen Lebenslagen:

Politik für *alle* Jungen bezieht sich

- auf die Schwierigkeiten des Jungseins und Mannwerdens in der Moderne, etwa aufgrund Entwicklung und Modernisierung der Geschlechterbilder und -ideologien;
- auf das Herstellen von fachlich fundierten Öffentlichkeiten für Jungen und ihre Entwicklungsthemen;
- auf mögliche Benachteiligungen von Jungen: gegenüber Mädchen, gegenüber Jungen (z. B. gegen ältere Jugendliche, die im Jugendtreff Räume besetzen), gegenüber erwachsenen Männern oder gegenüber Frauen (statistische Benachteiligung), gegenüber Erwachsenen (etwa als Positionierung gegen Erwachsene in der Lokalpolitik, wenn Jungen sich in ihrer Clique im öffentlichen Raum versammeln und eigene Räume benötigen);
- auf eine (bisweilen ignorante) Fachlichkeit, indem sie für eine bessere Qualität in Forschung und Lehre sorgt, aber auch in der praktischen Arbeit in sozialen, pädagogischen, gesundheitsbezogenen Einrichtungen.

Jungenpolitik ist auf fachliche Differenzierung und Vertiefung angewiesen. Nicht alle Jungen sind benachteiligt. Nicht alle sind schwierig. Nicht alle benötigen ständig jungenpolitische Unterstützung. Jungenpolitik richtet sich stellenweise sogar gegen Mehrheiten von Jungen, sofern diese Minderheiten ausgrenzen oder nicht hinreichend berücksichtigen. Eine besondere Verantwortung hat Jungenpolitik gegenüber Lebensfacetten von Jungen, die von herkömmlichen Männlichkeitsnormalitäten und -bildern nicht vorgesehen sind. Dazu gehören solche Jungen, die „passiv" Opfer von Gewalt wurden (d. h. nicht in reziproke Gewaltereignisse verstrickt waren), behinderte Jungen, Migrantenjungen, schwule oder bisexuelle Jungen, sozial ausgegrenzte Jungen (z. B. obdachlose Jungen oder jugendliche Stricher), chronisch kranke Jungen (insbesondere Suchterkrankungen) und Jungen mit spezifischen Krankheitsbildern (z. B. Klinefelter Syndrom/XXY-Chromosom), aber auch zurückhaltende Jungen (wenn es um politische Beteiligung geht) oder – etwa im Themenbereich Berufswahl – Jungen mit atypischen Lebensentwürfen (z. B. Ballett-Tänzer, Jungen mit dem Berufswunsch „Vater und Hausmann").

Eine solche Jungenpolitik für *Jungen in spezifischen Lebenslagen* vertritt

- besondere Jungen, die nicht (scheinbaren oder statistischen) Normalitäten entsprechen: Homosexuelle oder bisexuelle Jungen werden beispielsweise von einem Teil der Jungen offen oder verdeckt abgewertet und attackiert. Jungenpolitik sorgt einerseits für ihren Schutz, andererseits über Bildung und Intervention auch dafür, dass Homo- und Bisexualität als gleichwertige sexuelle Orientierungen oder Lebensformen anerkannt werden.

- Jungen mit problematischem Bewältigungsverhalten (gegenüber solchen mit sozialverträglichem Formen der Lebensbewältigung).
- Jungen, denen Chancen vorenthalten werden (gegenüber Jungen mit durchschnittlichen oder besonders guten Chancen, benachteiligte Jungen gegenüber durchschnittlichen bzw. privilegierten Jungen); hier sind vor allem arme Jungen, Jungen mit Migrationshintergrund oder aus bildungsfernen sozialen Milieus zu berücksichtigen und Jungen, die von solchen Ausgrenzungsformen mehrfach betroffen sind (vgl. Bundesarbeitsgemeinschaft 2013).

In gewisser Weise übernimmt Jungenpolitik dabei zwar eine parteiliche Perspektive auf Jungen allgemein und auf solche in besonderen Lebenslagen. Parteilichkeit als fixierte Position ist in Bezug auf Jungen allerdings problematisch. Die begriffsimmanente bipolare Rekonstruktion trägt verdeckt dazu bei, Geschlecht als gegensätzlich und auf zwei mögliche Geschlechter reduziert zu verstehen: Wo es Parteilichkeit gibt, gibt es Parteien. „Geschlecht" impliziert, dass es davon genau zwei gibt. Diese Trennung erleichtert es – für manche legt sie es sogar nahe – Hierarchie zu produzieren. Hierarchiebildung in Bezug auf Frauen und auf unterlegene Männlichkeitskategorien ist jedoch eine traditionelle Form der Konstruktion von Geschlecht.

Diese genderbezogene Verführung einer Parteilichkeit verbietet sich geradezu. Gefordert und gefragt sind anstelle von differenzschaffenden Begriffen und Positionierungen aus geschlechterbezogener und -politischer Perspektive viel stärker integrierende Sichtweisen. Als Alternative für „Parteilichkeit" tragen in Bezug auf Jungen die Begriffe „Verstehen" und „Mitgefühl" besser: Neben dem mehr rationalen Verstehen öffnet Mitgefühl einen Verbindungskanal, der eine tiefere Resonanz auf Jungen und damit qualifizierte Bildung, Unterstützung oder Interventionen ermöglicht.

Jungenpolitik befindet sich durch ihre Ausrichtung und Positionierung stets in spezifischen Spannungsverhältnissen. Besonders durch die Mediendiskurse befeuert, bewegt sich Jungenpolitik in einer Spannung zwischen Dramatisierung und Bagatellisierung:

- Dramatisierung überspitzt und verallgemeinert: „Alle Jungen" sind betroffen, jeder Junge ist benachteiligt, allen geht es schlecht. Eine Dramatisierung stellt die Wirklichkeit verzerrt dar und führt dadurch in die Irre. Gleichwohl ist sie wegen der hohen Wahrnehmungs- und Handlungsschwelle von Politik und Medien bisweilen nützlich oder unvermeidlich. Fachlich ist Dramatisierung allerdings schädlich. Sie verzerrt die Wahrnehmung und lenkt von echten Problemlagen ab (z. B. spezifischer Gruppen von Jungen). Sicher ist es von Zeit zu Zeit auch notwendig, zu übertreiben und zu dramatisieren, um Aufmerksamkeit zu erhalten. Dahinter sollte jedoch immer eine qualifizierte Analyse stehen, die Differenzierungen und fachliche Relativierungen einbezieht.
- Bagatellisierung negiert dagegen einerseits die Notwendigkeit, sich überhaupt jungenpolitischen Themen zu widmen. Wer beispielsweise gelernt hat und daran glaubt, dass Mädchen per Definition das benachteiligte Geschlecht sind, dem oder der leuchtet der Bedarf nach Jungenpolitik nicht ein. Deshalb muss jungenpolitisches Engagement auch fachlich begründet sein. Andererseits wird, als zweite Facette der Bagatellisierung, bisweilen betont, dass alle Jungen verschieden sind: Je genauer hingesehen wird, desto stärker unterscheiden sie sich. Dieses Spannungsverhältnis verweist darauf, dass sich Jungenpolitik in besonderer Weise durch Differenzierung und durch genaue Wahrnehmung qualifizieren muss.

Durch den nahe liegenden Geschlechtervergleich befindet sich Jungenpolitik immer auch in einer Spannung zwischen der Thematisierung von Jungen als bevor-

R. Winter, *Jungenpolitik*, essentials,
DOI 10.1007/978-3-658-05120-4_3, © Springer Fachmedien Wiesbaden 2014

zugt oder als benachteiligt. In dieser heiklen Thematik entstehen leicht Missverständnisse, indem Benachteiligungen gegeneinander aufgerechnet werden. Bisweilen wird die Ansicht vertreten, Jungen seien, weil sie männlich sind, geschlechterbezogen automatisch bevorzugt – und wo das nicht der Fall sei, könnten sie dies ja leicht ändern, weil das männliche Geschlecht das mächtige sei. Diese zynische Position negiert Ausgrenzung, Unterlegenheiten, Benachteiligungen und Leiden von Jungen. Wo solche einseitigen Geschlechterzu- und -festschreibungen wirken hat Jungenpolitik die Aufgabe, Aufklärung und einen Gegenhalt zu bieten. Gleichzeitig nimmt Jungenpolitik die fachliche Position ein, dass die Benachteiligung des einen Geschlechts nicht automatisch die Bevorzugung des anderen bedeutet.

Jungen von heute sind die Männer von morgen. In ihrem zeitlichen Bezug ist Jungenpolitik deshalb eigenartig doppelt besetzt, sie ist sowohl gegenwarts- wie auch zukunftsorientiert: In der Gegenwart mit der Frage, wie es Jungen im Jetzt geht, wo (welche) Jungen gegenwärtig leiden oder benachteiligt werden, was sie aktuell brauchen. Mit Blick auf die Zukunft mit der Frage, was bei den später erwachsenen Männern gewünscht, was vermieden werden soll. Jungenpolitik unterscheidet sich hierin von der Männer, Väter- oder der Schwulenpolitik: Männer sind längst Männer, Väter sind bereits Väter, Schwule sind schon schwul.

Politik braucht Probleme, um sich zu legitimieren: ohne Probleme, Spannungen, ohne Benachteiligung kein Bedarf für Jungenpolitik. Jungenpolitik beschreibt aber auch Zielvorstellungen, um ihre Legitimation nicht aus Benachteiligung zu beziehen und darauf fixiert zu sein, und um nicht in Selbstmitleid und Problem-Lamento unterzugehen. Jungenpolitik benötigt neben ihrer Problemsicht auf der anderen Seite auch Zielvorstellungen und durchaus utopische Bezüge. Sie wird damit jenseits von Problemen gestaltend wirksam: Welche Lebensbedingungen, welche Optionen sind wünschenswert? Welche Männlichkeitsbilder und -formen werden angestrebt? Was brauchen Jungen „als Jungen", wie wachsen sie optimalerweise auf? Wie werden Jungen in ihrem Mannwerden am besten gefördert?

Die Fokussierung auf Jungen ist dabei zwar die primäre Perspektive einer Jungenpolitik. Gleichzeitig sind Jungen aber auch nicht alleine auf der Welt. Jungenpolitik sollte dies nicht ausblenden: Sie befindet sich in einer Spannung zwischen Jungenbezug und Bezügen auf andere soziale Gruppen, insbesondere auf Mädchen. Überall dort, wo Jungenpolitik für eine Verbesserung der Lebenslagen von Jungen sorgt, sind – im Idealfall diskursiv – auch mögliche Auswirkungen auf Andere abzuwägen. Auch inhaltlich sind Relativierungen, Abwägung und Priorisierungen notwendig. Um seriös zu bleiben und sich nicht lächerlich zu machen, sollte Jungenpolitik auch Themen zurückstellen und nicht künstlich aufblasen; minimale statistische Differenzen bei Notendurchschnitten (vgl. Maaz et al. 2011) rechtfertigen beispielsweise noch keinen jungenpolitischen Aufstand (zumal – wie oben gesagt – das jungenpolitische Leitmotiv nicht der Vergleich mit den Mädchen sein kann).

Jungenpolitik zwischen Geschlechtsbezug und Geschlechterkritik

4

Im Geschlechterbezug, im Bezug auf „das Männliche" liegt der entscheidende Zugang zur Jungenpolitik (neben der Lebensphase, also Kindheit oder Jugend, welche die Jungen- von Männerpolitiken trennt). Dieser Geschlechterbezug meint das gelebte Jungesein, Jungen „als Jungen" in allen Lebensbereichen.

Er betrifft erstens spezifische (ausschließliche) Themen und Aspekte. Das sind insbesondere biologisch körperliche Faktoren: etwa Penis (inkl. dem schwierigen Thema Beschneidung), männliche Fertilität oder Hoden (Hodengesundheit und -erkrankungen), aber auch die Thematik der Auseinandersetzung von Jungen mit Männlichkeitsbildern und -vorstellungen zur eigenen Geschlechtsorientierung.

Ein zweiter Geschlechterbezug entsteht über relative Zugänge zur Jungenpolitik, die auf dem Vergleich zwischen Jungen und Mädchen basieren und dort interessant werden, wo es in Statistiken oder qualitativen Erhebungen Geschlechterunterschiede gibt. Hier bezieht sich die Sichtweise vorwiegend auf das statistische Geschlecht, auf als „typisch" konstruierte Verhalten oder entsprechende Daten und auf dem statistischen Geschlecht („Ausweisgeschlecht") zugeordnete Themen, wie z. B. die im Vergleich zu Mädchen geringere Lesekompetenz in der Primarschule oder der relative biologische „Reifungsnachsprung" von Jungen.

Schließlich beinhaltet der Geschlechterbezug eine allgemeine Perspektive, die Jungen als heterogene Gesamtpopulation sieht und diese in ihren Differenzierungen (Vielfalt des Jungeseins) sex- und genderbezogen betrachtet, etwa vor dem Hintergrund von Männlichkeitsbildern, die Jungen vermittelt werden und die sie inspirieren (gender), vor Schicht- oder national-ethnischen Unterschieden, aber auch vor körperlich korrespondierenden Impulsen wie dem Einfluss des Testosterons.

Ein vergleichender Zugang zur Jungenpolitik, der sich über die statistische Gegenüberstellung von Jungen und Mädchen herleitet, ist grundsätzlich kritisch zu beurteilen. Er liefert scheinbar Belege durch „harte Fakten" (statistische Signifikanzen der Sex-Kategorie). Varianzen werden dabei nicht berücksichtigt; so trägt

R. Winter, *Jungenpolitik*, essentials,
DOI 10.1007/978-3-658-05120-4_4, © Springer Fachmedien Wiesbaden 2014

der Vergleich dazu bei, dass aus Mittelwerten und statistischen Trends vorschnell verfestigende Annahmen abgeleitet oder hochgerechnet werden: z. B. Jungen seien gewaltnah, könnten schlecht lesen, seien allesamt bildungsbenachteiligt. Solche Aussagen treffen faktisch nur auf je einen Teil der Jungen tatsächlich zu. Damit führt der statistisch orientierte geschlechtervergleichende Zugang auf politische Irrwege, nämlich tendenziell zu einer problematischen Rekonstruktion von Geschlecht: zur einseitig bipolaren Konstruktion der geschlechterbezogenen Differenz-Prämisse „Mädchen und Jungen sind völlig verschieden". Zudem verhindert die vergleichende Perspektive einen eigenständigen Blick auf Jungen; sich um Jungen zu kümmern wird abhängig gemacht vom Bezug auf Mädchen (und einer angenommenen Benachteiligung ihnen gegenüber). Darüber hinaus bleiben weitere soziale Kategorien wie Herkunft, Sozialstatus, Bildung außer Acht. Die meisten Daten, die sich auf Unterschiede zwischen Jungen und Mädchen beziehen, werden jedenfalls einfach nur dargestellt und für wahr genommen und nicht genderbezogen eingeordnet und qualifiziert oder kommentiert. Aus einem „anders" oder „tendenziell verschieden" wird damit leicht ein allgemeines „besser" oder „schlechter". Jungenpolitik sollte sich deshalb nicht auf das relationale Muster verlassen, sondern muss unbedingt differenzieren.

Genderbezogen sind für Jungenpolitik Vorstellungen von Männlichkeit von hoher Bedeutung. Dies verlangt eine doppelte Sichtweise: Eine utopische Perspektive auf Männlichkeit – wie soll es optimalerweise sein? – und eine Kritik an für Jungen problematischen Männlichkeitsbildern. Bislang ist bei jungenpolitischen Initiativen überwiegend ein problemorientierter Diskurs bestimmend: Probleme stehen im Vordergrund, die Jungen entweder haben oder verursachen. Zugänge zu einem geglückten, gelingenden Jungensein oder zu Aspekten der geschlechtlichen Bildung jenseits von Risiken, Katastrophen und Abstürzen bleiben demgegenüber im Hintergrund. Aufgabe von Jungenpolitik ist es, solche Utopien gelingender Männlichkeit zu schaffen und sich darauf auszurichten: Wie ist das Männliche, wenn es gelingt – etwa in Bezug auf Berufs- und Hausarbeit, Gesundheit, Sexualität, Konfliktregelung, Genuss, Entspannung? Zudem sorgt Jungenpolitik für gute Bedingungen und für Förderung, damit sich Jungen „gut männlich" entwickeln können.

In ihrem Geschlechtsbezug kommt Jungenpolitik dennoch nicht um eine Kritik von Geschlechtsideologien herum: Das bezieht sich auf Männlichkeit und Weiblichkeit gleichermaßen. Männlichkeitskritik ist besonders dort vonnöten, wo Jungen unter traditionellen oder einengenden Bildern von Männlichkeit in ihren Optionen oder Potenzialen beschränkt werden oder wo solche Bilder zu problematischen, sozial unverträglichen Verhaltensweisen führen. Auch dort, wo sich „neue alte" Idealisierungen einschleichen, hat Jungenpolitik kritische Positionen zu vertreten (etwa das Bild der durchgängig wilden, ungestümen, kämpferischen Jungen, die in Kindertageserziehung und Schule ausgebremst würden).

Ausdruck für traditionelle Männlichkeitsbilder sind beispielsweise reduzierte Beziehungsformen und Beziehungsarmut, sportlicher oder militärischer Drill und expressive Kameradschaft (Ritualisierungen, Alkohol), Erfolgs- und Leistungsfixierung, subtile oder offene Abwertung: insbesondere von Mädchen und Frauen, von Homosexualität und Homosexuellen oder anderen Formen des Männlichen, die nicht im Korridor der Normalität liegen. Für Jungen kann Männlichkeit zu Benachteiligung führen: „Jungen sind insofern benachteiligt, als dass bestimmte gesellschaftliche Männlichkeitskonstruktionen sie in Konflikt mit bestimmten Anforderungen von Bildungsinstitutionen bringen. Insbesondere eine Orientierung an der Idee männlicher Hegemonialität (...) scheint (einige) Jungen darin zu behindern, in Bildungsinstitutionen formale Abschlüsse zu erwerben" (Rieske 2011, S. 73 ff.). Auch die Kollision divergierender Männlichkeitsbilder – etwa in unterschiedlichen sozialen Milieus oder im Kontext der Migration – kann Jungen in Stress bringen oder überfordern.

Der Strukturwandel der Arbeitsgesellschaft hat allmählich und inzwischen unübersehbar traditionelle Männlichkeitsbilder überholt. Damit wurde die Frage aufgeworfen, wie eine moderne Orientierung für männliche Rollenverständnisse aussehen kann. Von diesem Wandel sind Jungen betroffen, denn sie haben (vereinfacht gesagt) die Entwicklungsaufgabe zu bewältigen, sich eine stabile Geschlechtsidentität anzueignen. An Jungen werden dabei widersprüchliche Erwartungen herangetragen. Für die Arbeitswelt sollen sie den – sogar noch extremer werdenden – traditionell männlichen Idealen genügen: volle Konzentration auf die Berufsarbeit, Durchsetzungsfähigkeit, Flexibilität, Verfügbarkeit, Erfolgsorientierung usw. Gleichzeitig werden ihnen familiäre, beziehungs- und hausarbeitsbezogene Ideale präsentiert, überdies werden an sie Erwartungen von kommunikativen, harmonisierenden und männlichkeitskritischen Verhaltensmustern herangetragen.

Vor diesem Hintergrund kann sich Jungenpolitik zwar jungenempathisch und -kompetent, aber dennoch männlichkeitskritisch positionieren. Nicht zuletzt tangiert Männlichkeitskritik auch das jungenpolitische Handeln selbst, was Stil und Formen des Politisch-Seins angeht: Verhaltensweisen wie Statusgehabe, Abwertungen, persönliche Beleidigung Andersdenkender, Rechthaberei oder Konflikteskalation entstammen einer traditionell männlichen Politik und wirken sich negativ auf das Gemeinwesen aus. Jungenpolitik sollte darauf verzichten.

Auch Weiblichkeitsbilder beeinträchtigen die Lebenswirklichkeit von Jungen und stehen in der Kritik einer Jungenpolitik. Traditionelle Bilder von Weiblichkeit schanzen beispielsweise Jungen im Bereich der Sexualität Verantwortung und Kompetenzen zu; Jungen empfinden dies bisweilen als ungerecht, nicht wenige fühlen sich deshalb unter Druck oder überfordert, was ihrer Sexualität nicht gut bekommt. Auch Frauen reproduzieren ungeschminkte Bilder traditioneller Weiblichkeit (etwa in der Koppelung mit Aufopferung, Mütterlichkeit bzw. Fürsorglichkeit). So kann es Frauen in der Kindertageserziehung schwer fallen, mit einem Teil der Jungen adäquat umzugehen, nämlich mit solchen, die aktive Lebendigkeit und ein hohes Energielevel zeigen oder die konfliktorientiert sind; sie verbieten dann pauschal Kämpfe oder Waffen, beantworten das Interesse von Jungen an Autoritätsklärung mit Beziehungsabbruch, Beschämung oder Bestrafung oder sie überschwemmen kindliche Räume mit Harmoniesehnsüchten und Fürsorglichkeit. Umgekehrt führt die Koppelung von Weiblichkeit und Mütterlichkeit bei manchen Müttern dazu, sich nicht altersgemäß aus ihrer mütterlichen Position zu verabschieden. Besonders Jungen leiden offen oder subtil unter ihrer Überfürsorglichkeit, die Jungen in selbstfürsorglicher Inkompetenz fixiert und ihr Erwachsenwerden behindert. Weil viele Frauen solche und andere kritische Aspekte von Weiblichkeit übersehen kann Jungenpolitik hier eine wichtige Funktion für Jungen übernehmen.

Geschlechterpolitisch ist Jungenpolitik das Pendant zur Mädchenpolitik, selbstverständlich mit anderen Vorzeichen und Fixpunkten. Jungenpolitik kann hierin eine auch symbolische Ergänzung zur Mädchenpolitik darstellen, um Tendenzen zur Stereotypisierung von Geschlecht zu begegnen: Mädchenpolitik ohne Jungenpolitik fixiert das Bild von Mädchen auf Opferstatus und Passivität. Indem es Jungenpolitik gibt wird betont, dass auch Jungen benachteiligt, Verlierer oder Opfer sein und dass umgekehrt auch Mädchen aktiv, Täterinnen oder im Vorteil sein können. Zudem stärkt Jungenpolitik die politische Legitimation von Mädchenpolitik, indem sie indirekt deren Notwendigkeit bekräftigt.

Jungenpolitik ist keine Domäne von Männern (genauso, wie sich auch Fachmänner politisch für Mädchen engagieren können und sollten). Schön ist es, wenn sich Fachfrauen oder mittelbar betroffene Frauen (z. B. Mütter) auch in der Jungenpolitik oder für sie engagieren. Gleichwohl gibt es viele Frauen, die sich aus guten fachlichen Gründen gegen die Benachteiligung von Mädchen stellen, und die ihr Selbstverständnis als Mädchenarbeiterinnen explizit auch auf Mädchenpolitik beziehen. Ihnen aus der Jungenperspektive ihr Engagement vorzuwerfen ist gänzlich unpassend, auch wenn diese Frauen bisweilen einseitig argumentieren. Das Problem liegt nicht in der Einseitigkeit von Mädchenpolitik, sondern am fehlenden stabilen, fachlich versierten Gegenüber in der Jungenpolitik: Es gibt nicht zu viel Mädchenpolitik, sondern zu wenig profilierte Jungenpolitik!

Fachlichkeit, Seriosität und Glaubwürdigkeit   5

Politik hat mit Personen in Strukturen und Institutionen sowie mit Inhalten zu tun. Anliegen und Themen fundiert in der Öffentlichkeit, in Parteien oder politischen Verwaltungen zu platzieren benötigt deshalb bei diesen Personen Fachkompetenz, Energie und Zeit. Beharrlichkeit, Ausdauer und Kontinuität sind hier gute (auch männliche) Eigenschaften, die in der Jungenpolitik gebraucht werden. Jungenpolitik ist nicht zuletzt auf die Entscheidung fachlich qualifizierter Personen angewiesen, sich für Jungen auch politisch einzusetzen. Seriöse Stimmen, die jungenpolitische Themen positionieren und fachlich argumentieren, fehlen bisher oder sind nur ganz vereinzelt zu hören. Dies wird umso wichtiger, wie sich im Internet, aber auch in vereinzelten Organisationen und Veranstaltungen männlichkeitsfanatische Aktivisten gruppieren und äußern. Um öffentlich, fachlich, in Verwaltungen und anderen Politikbereichen ernst genommen zu werden, muss Seriosität ein zentrales Anliegen von Jungenpolitik sein.

Durch das Internet hat sich die Form politischer Aktivitäten erweitert, erheblich verändert und oft auch verschärft. Im Kontrast zu den (wenigen) seriösen, fachlichen jungenpolitischen Initiativen artikuliert sich bestärkt durch die Medien-Rhetorik zu Jungenthemen vor allem im Internet eine simpel angelegte, auch jungenbezogene „Blog- und Foren-Politik". Sie ist gekennzeichnet durch eine Frontstellung gegen den Rest der Welt, der nicht gleicher Auffassung ist, bei offensivem Betonen der Naturwüchsigkeit des männlichen Geschlechts bei Jungen. Hier und in den dazugehörigen Organisationen[1] findet sich eine Art „jungenbewegter Männerrechtler" zusammen, deren Vokabular und Vorgehen bisweilen rechtsextremistischen Strategien ähneln. Mit einer kindlich-trotzigen Haltung („man muss doch endlich einmal sagen…") spielen sie sich als Tabubrecher auf, obwohl sie längst Bekanntes

---

[1] Beispielsweise in den Vereinen Agens oder Manndat (D), bei der IG Antifeminismus (CH) oder auf den Webseiten www.maskulist.de, www.femokratie.com, www.wikimannia.org, www.cuncti.net, www.genderama.blogspot.com, www.manndat.de, www.free.gender.de.

R. Winter, *Jungenpolitik*, essentials,
DOI 10.1007/978-3-658-05120-4_5, © Springer Fachmedien Wiesbaden 2014

und überhaupt nicht Tabuisiertes fortwährend wiederholen. Sie sind deshalb nicht zu unterschätzen, weil sie feindselig auftreten, polarisieren, populäre Stimmungen aufgreifen und zuspitzen, Themen in der Öffentlichkeit besetzen und Meinungen problematisch beeinflussen. Gefährlich sind sie, weil sie sich als Fach-Männer aufspielen oder von schlecht informierten Redaktionen als solche serviert werden: Mit ihrer Haudrauf-Rhetorik sorgen sie für Stimmung.

Ihre Feindbilder („die" Feministinnen), Verschwörungstheorien (Gender-Unterwanderung) und Polemik sind für seriöse Jungenpolitik schädlich. Aktivisten der „Blog- und Foren-Politik" versuchen, sich mit einem Helden-Nimbus zu schmücken, als die letzten Kämpfer gegen übermächtige Frauen und artikulieren sich in einer Gegenposition zu Mädchen und Frauen: lautstark, dramatisierend und polarisierend, Andersdenkende diffamierend, nicht selten die Grenze zur Beleidigung überschreitend. So werden alarmistisch Szenarien entworfen, in denen sämtliche Jungen vom Untergang bedroht sind, Frauen Jungen aktiv unterdrücken, Gender Mainstreaming als Jungen und Männer demütigender Geheimbund die Macht im Land übernommen hat und Frauenbeauftragte über magische Entscheidungsmächte verfügen.

Seriöse und qualifizierte Jungenpolitik muss sich von solchen Strömungen klar distanzieren. Nüchtern betrachtet sind auch solche Extreme ein Aspekt von Jungenpolitik: Manches Argument, manche Einstellung jungenbewegter Männerrechtler ist ja nicht falsch, und in der Politik gehören Übertreibungen zum Prozess der Verständigung, sofern sie relativiert, fachlich qualifiziert und in ihren problematischen Umgangsformen kultiviert werden können. In Prozessen politischer Meinungsbildung sind aber nicht absolute Wahrheiten gefragt, sondern Diskurse, nicht Rechthaberei, sondern Argumente, die fachlichen und auch wissenschaftlichen Kriterien stand halten.

Das Phänomen ist allerdings eine wichtige Mängelanzeige: Wo sich populistische Strömungen aggressiv artikulieren, wo sich fundamentalistische Kämpfer als Vertreter von Jungenpolitik aufspielen und sich lautstark breit machen, weist dies auf eine Lücke hin, die in einem fachlichen und fachpolitischen Defizit entsteht: Weil es keine oder zu wenig Wahrnehmung der Problemlagen und Bedürfnisse von Jungen und kaum sachkundige Interessenvertretung für sie gibt, öffnet sich eine Art geschlechterpolitisches Vakuum, in dem sich Unqualifiziertes breit machen kann. Dieses Vakuum entsteht dadurch, dass sich (zu) wenige Fachleute dezidiert für Jungen einsetzen und weil sich Fachlichkeit und ernsthafte Politik nicht oder zu wenig interessieren und äußern.

Jungenpolitik zielt auf strukturelle Veränderung. Sie braucht dazu ihrerseits unbedingt ebenfalls Strukturen, um nicht in Bedeutungslosigkeit, Einzelkämpfertum, Sektiererei oder ideologischen Ecken zu versacken. Arbeit in und für Strukturen ist aufwändig und mühsam. Ohne institutionelle Perspektive und Verankerung, ohne praktische Umsetzung bleibt Jungenpolitik aber nutzloses theoretisches Gerede.

Von einer fachlichen Verankerung der Jungenthematik, von Vertretungen in der politischen Verwaltung, bei etablierten Parteien oder in Berufsverbänden ist derzeit aber nur wenig zu bemerken. Auch in Hochschulen sucht man Unterstützung für Jungenpolitik meist vergebens. Jungenpolitik benötigt also unbedingt Personen, die sich für Jungen engagieren, indem sie Strukturen bilden oder beeinflussen, indem sie sich einmischen.

Viele Fachleute, die mit Jungen arbeiten oder sich mit Jungen auskennen, verweigern sich jedoch der politischen Arbeit. Dafür gibt es verständliche Gründe: Manche bevorzugen es, ihre Ressourcen in der praktischen Arbeit einzusetzen, wo Erfolg direkt erkennbar wird; Jungenpolitik dagegen braucht langen Atem, Erfolge sind nicht sicher, Enttäuschungen vorprogrammiert. Andere scheuen die oft fruchtlosen politischen Auseinandersetzungen und die unvermeidlichen Kompromisse. Wieder Andere haben, auch weil sie über ihr Mannsein nachgedacht haben, kein Interesse an den politischen Ritualen, Konfliktformen und Profilierungszwängen, auch nicht daran, auf politischen Bühnen den eigenen Narzissmus zu pflegen oder sich als Held aufzuspielen.

So einleuchtend diese und ähnliche Gründe sind: Fachlich qualifizierte Männer überlassen Öffentlichkeiten und Politik Anderen, denen es oft an der Kompetenz fehlt, und die dieses Defizit mit Polemik auszugleichen versuchen[1]. Damit kommt

---

[1] Diese Dynamik ließ sich in Deutschland auch in der Gründungsphase der „Piratenpartei" verfolgen, wo sich offenbar eine Arbeitsgruppe aus männlichen Benachteiligungsfanatikern zusammengefunden hatte, die den Geschlechterdiskurs in der Partei zu dominieren ver-

R. Winter, *Jungenpolitik*, essentials,
DOI 10.1007/978-3-658-05120-4_6, © Springer Fachmedien Wiesbaden 2014

Jungenpolitik in Verruf, bevor es sie überhaupt richtig gibt. Auch im Interesse von Jungen ist es unabdingbar, sich in den Mühlen politischer Abläufe und Normalitäten zu bewegen. Das ist oft weder spannend noch attraktiv. Aufgabe von Jungenpolitik ist es, hier Überzeugungsarbeit zu leisten und fachliche Erweiterung zu platzieren. Auseinandersetzungen dienen langfristig der Qualifizierung von Politiken – und sie verhelfen nebenbei zu Verständnis und Mitgefühl mit den Frauen, denen es in anderen Politikbereichen unter umgekehrten Vorzeichen genau so geht.

Deutschland

Institutionell ist Jungenpolitik in Deutschland bisher selbst wenig gefasst und entwickelt, wenn sie auch seit wenigen Jahren einen Aufschwung erfahren konnte. So wurde, fachlich seit langem gefordert, 2009 im Bundesministerium für Familie, Senioren, Frauen und Jugend ein Referat „Gleichstellungspolitik für Jungen und Männer" eingerichtet. Ein Jahr später wurde im selben Ministerium ein „Beirat für Jungenpolitik" einberufen; Damit wurde ein (zeitlich befristeter) Versuch gestartet, jungenpolitische Perspektiven zu entwickeln. Dies zeigt, dass das Thema Jungenpolitik allmählich ernst genommen wird und in der Politik angekommen ist. In der Ergebnisveröffentlichung des Beirats (vgl. Beirat Jungenpolitik 2013) wurden einige Themen und Anliegen einer Jungenpolitik herausgearbeitet, die insbesondere auf eine Erweiterung von Rollenbildern abzielen. Konkretisierungen und heikle Themen (z. B. Gesundheit, schulische Bildung, Probleme bei der Integration migrantischer Jungen) wurden aber dezent ausgespart.

Das „Bundesforum Männer" (gegründet 2010) versteht sich als bundesweite Interessenvertretung der gleichstellungspolitisch orientierten Organisationen der Männer-, Jungen- und Väterarbeit sowie der Forschung zu Jungen und Männern. Im Bundesforum Männer wurde eine Fachgruppe für Jungenfragen eingerichtet; bislang wurden noch keine jungenpolitisch wirksamen Ergebnisse erarbeitet.

Ebenfalls 2010 hat sich in Deutschland eine zaghaft auch politisch aktive Bundesarbeitsgemeinschaft (BAG) Jungenarbeit zusammengeschlossen. Die BAG Jungenarbeit „bezieht sich auf Jungen und junge Männer, Fachkräfte, Institutionen und Gesellschaft und strebt einen sich gegenseitig bereichernden Dialog zwischen Praxis, Wissenschaft und Politik an. (…) In diesem Sinn wirkt die BAG Jungenarbeit auch jugend-, geschlechter- und gleichstellungspolitisch. Die BAG Jungenarbeit bietet sich Politik und Verwaltung als qualifizierte Ansprechpartnerin an, um damit im Interesse der Jungenarbeit bei der jugendpolitischen Gesetzgebung und der Entwicklung administrativer Prozesse mitzuwirken" (BAG Jungenarbeit 2011, S. 2). In erster Linie versteht sich die BAG aber fachbezogen und bleibt aktuell deshalb politisch randständig. In ihren Aktivitäten und Projekten fungiert sie – wie auch das Bundesprojekt „Neue Wege für Jungs" – bislang als eine Art Dienstleister des zuständigen bundespolitischen Ministeriums[2].

Ähnlich dezent taucht der Politik-Begriff auf Länderebene, nämlich bei den Landesarbeitsgemeinschaften (LAGs) für Jungenarbeit auf. Meistens ist dort keine definierte jungenpolitische Idee erkennbar, auch wenn die LAGs in ihrer praktischen Arbeit sicher zum Teil auch politisch aktiv sind (schon alleine aus dem Grund, um Fördermittel für Jungenarbeit zu erhalten). Lediglich bei der LAG Baden-Württemberg wird der Aspekt „fachpolitische Vertretung in Jugendhilfeplanung und Jugendpolitik" erwähnt – allerdings ohne jeden Hinweis auf eine Konkretisierung oder praktische Umsetzung.

Schweiz

In der Schweiz ist vor allem der Lobbyverband männer.ch die auf Bundesebene agierende Interessenvertretung, auch für jungenpolitische Anliegen. Als „Sprachrohr für Buben-, Männer- und Väteranliegen" hat sich männer.ch auch die „Bubenpolitik" als Arbeitsfeld explizit aufs Banner geschrieben. Die Ausprägung und Umsetzung des Anliegens ist dabei noch ausbaufähig und wirkt eher wenig profiliert. Auf Nachfrage wird ein Positionspapier mit fünf bubenpolitischen Forderungen vorgelegt („1) Männer in die Unterstufe, 2) Sexuelle Bildung von Buben, 3) Väterliche Präsenz und männliche Bezugspersonen für alle Buben, 4) Gendersensibilität in die Lehrpläne, 5) Bubenarbeit in die Verwaltung und die Institutionen"). Das Dokument ist die gemeinsame Arbeitsbasis von männer.ch mit dem Netzwerk schulische Bubenarbeit. Das Netzwerk ist in der Schweiz bislang ausschließlich praxisorientiert und „delegiert" die politischen Fragen an männer.ch. Auch die Schweizer IG Bubenarbeit, die neben der praktischen Arbeit mit Jungen Fachtagungen organisiert, wirkt politisch eher ambitionslos.

---

[2] Insbesondere mit den Projekten „fair play" und „Mein Testgelände".

Österreich

Auch in Österreich sind jungenpolitische Anliegen bisher nicht gut vertreten. Zwar gibt es im Bundesministerium für Arbeit, Soziales und Konsumentenschutz (BMASK) eine männerpolitische Grundsatzabteilung. Dort ist jedoch nichts von einer jungenpolitischen Ausrichtung oder von einem eigenen jungenpolitischen Profil zu erkennen. Im Internetauftritt findet sich sogar ein Link zu „Burschen- und Männerarbeit"[3], dort reduziert sich die Überschrift auf „Männerarbeit" und eine Auflistung von Männerberatungsstellen (die zum Teil auch Angebote für Jungen beinhalten). Auch die fachliche Vernetzung der Anbieter von Jungenarbeit ist in Österreich nicht stabil entwickelt. Als Projekt gedeiht lediglich der Boys' Day gut, der Barrieren für Jungen und junge Männer zu geschlechtsuntypischen Berufe abzubauen versucht.

Aufgrund der fachlichen Nähe zu Jungen und zu Fachkräften, die mit ihnen arbeiten, sind lokale und regionale jungenpolitische Arbeitskreise wichtige Kristallisationsorte für Jungenpolitik, also z. B. Facharbeitsgemeinschaften auf Orts-, Kreis- und Landesebene (vgl. Lipkow 2010) oder auch die Jugendhilfeplanung. In vielen Bildungs- und Erziehungsinstitutionen gibt es mittlerweile Erfahrungen mit Jungenpädagogik. Diese beschränken sich allerdings meist auf die praktische Arbeit im engeren Sinn. Das Vorhandene wird institutionell kaum reflektiert, konzeptionell nicht gefasst oder strukturell verankert. Dadurch entsteht das Problem, dass durch Personalwechsel Erfahrungen wieder verloren gehen und Kompetenz abwandert. Im Interesse der Nachhaltigkeit sind strukturelle Absicherungen in den Institutionen vor allem über stets weiter entwickelte Konzeptionen notwendig. Zusätzlich ist auch für die Praxis eine fachpolitische Struktur wichtig: in den Institutionen selbst (z. B. durch Konzeptionsarbeit), institutionenübergreifende fachliche Vernetzung (z. B. durch Fachgruppen, Intervisionsgruppen) und durch jungenpolitische regionale und überregionale Vernetzung.

In Bezug auf Jugendhilfeplanung und lokale oder regionale Jugendpolitik verändern sich strukturelle Bedingungen im Schneckentempo oder bleiben trotz vielfältiger Entwicklungen an der pädagogischen Basis über lange Zeiten mehr oder weniger unverändert (schlecht). Dies zu ändern ist wieder die Aufgabe in größeren Zusammenhängen: der Kinder- und Jugendpolitik auf Bundes- und Länderebene. So können je nach Akzentuierung und Zielrichtung Jungen-Arbeitskreise oder

---

[3] http://www.bmask.gv.at/site/Soziales/Maenner/Burschen_Maennerarbeit (Zugriff 13.11.11).

Facharbeitsgemeinschaften als jungenpolitische Kristallisationspunkte auf lokaler, regionaler, landes- oder Bundesebene wirken. Wenn Jungenpolitik die Lebenslagen von Jungen verbessern soll, muss die Erhebung konkreter jungenspezifischer Lebenslagen etwa im Sinn eines institutionsbezogenen, lokalen oder regionalen „Jungenberichts" angegangen werden. Die Ergebnisse solcher Studien können sowohl in die Weiterentwicklung der eigenen Arbeit wie auch der jeweiligen Institution und nicht zuletzt der Jugendhilfeplanung fließen. Neben „beliebten" Problemthemen wie Gesundheit, Gewalt, Sexualität und Sucht, gibt es eine Menge auch positiv zu füllender Aspekte, die für ein umfassendes Bild über die Lebenslagen von Jungen vor Ort notwendig sind: Übergänge zwischen Schule, Ausbildung und Beruf; Balancen zwischen Erwerbsarbeit, Familienarbeit und Freizeit; Angebote in den Bereichen Sexualität, Körper und Gesundheit. Das Wissen darüber, wie es Jungen „als Jungen" vor Ort geht, ist fast überall ausgesprochen mager. Das liegt auch daran, dass die politisch Verantwortlichen (nicht nur lokal) es gar nicht so genau wissen wollen. Denn wenn ein Problem erkannt und benannt ist, müssten sie auch Verantwortung übernehmen und aktiv werden.

Das breite Feld der Bildung, der Kinder- und Jugendhilfe wird dadurch aber nur in geringem Ausmaß bewegt. Hier braucht es länderspezifische oder nationale „Jungenberichte" und andere geschlechtsbezogene Analysen. Dass ein „allgemeiner" Jugendbericht dafür nicht genügt, zeigt eindrucksvoll der 13. Kinder- und Jugendbericht der deutschen Bundesregierung (2009) mit dem Schwerpunkt „Gesundheit von Kindern und Jugendlichen in Deutschland" (vgl. Deutscher Bundestag 2009). Das Stichwort Jungengesundheit (oder Mädchengesundheit) kennt der Bericht nicht, und außer dem wiederholten Appell, die (nicht definierten) unterschiedlichen Lebenswelten von Mädchen und Jungen zu berücksichtigen, findet sich keine geschlechterbezogene Auseinandersetzung mit dem Datenmaterial. Umgekehrt weisen die deutschen Männergesundheitsberichte eindrücklich nach, wie wichtig und fruchtbar das explizite Eingehen auf die Lebenslagen von Jungen sein kann (vgl. Neubauer und Winter 2010, 2013).

Themen von Jungenpolitik

Die Themen, mit denen sich Jungenpolitik befasst oder für die sie sich einsetzt, können so vielfältig sein wie das Jungenleben selbst. Genau so wenig wie es *die* Themen der Jungen gibt, ist es auch nicht sinnvoll, Jungenpolitik auf wenige Inhalte festzuschreiben. Sie generiert ihre Themen jeweils aus ihrer fachlichen Kenntnis von Jungen und aus dem Mitgefühl mit ihnen, ist in erster Linie Fachpolitik. Sicher gibt es Themenbereiche, die immer wieder in den Vordergrund geschoben werden – allen voran Gewalt und Sexualität. Dahinter verbergen sich oft die „eigentlichen" Themen von Jungen. Die hier kurz skizzierten Themen und Aspekte stellen deshalb eine mehr illustrierende und subjektive, keinesfalls eine vollständige Auswahl dar.

7.1 Entwicklung des Männlichen

Weil Jungen Kinder und Jugendliche sind und sich in diesen Lebensphasen männliche Selbstbilder entwickeln und verfestigen, ist Jungenpolitik auf Themen der *Entwicklung des Männlichen* mit dem Ziel eines glückenden oder erwünschten Mannseins orientiert. Damit ist Jungenpolitik nicht auf Probleme festgelegt, sondern richtet sich auch auf Bedingungen des gelingenden Jungeseins aus: Was brauchen Jungen, um „gut männlich" zu sein, um gute Männer zu werden? Hier sind einerseits die Vorstellungen von Männlichkeit kritisch zu hinterfragen, wie sie von Erwachsenen, den Medien, der Unterhaltungs- und Spielzeugindustrie präsentiert werden. Zum anderen stellt sich die Frage nach vielfältigen Erfahrungen von Jungen mit Männern: Wie viele Beziehungen zu Männern brauchen Jungen vor allem in der Kindheit, um ihre Geschlechtsidentität stabil entwickeln zu können? Ein in diesem Zusammenhang diskutiertes Thema ist die Tatsache, dass in der Kindertageserziehung nur sehr wenige Männer tätig sind (vgl. Hurrelmann und Schultz 2012). Der Umkehrschluss, dass Jungen in Kindergarten und Grundschule mehr Männer brauchen, stellt allerdings mehr eine plausible Erwartung als eine

R. Winter, *Jungenpolitik*, essentials,
DOI 10.1007/978-3-658-05120-4_7, © Springer Fachmedien Wiesbaden 2014

empirisch begründete Forderung dar. Thematische Kurzschlüsse sind jedoch mit Vorsicht zu genießen: Ob es Jungen mit mehr Männern automatisch besser geht, welche Qualität solche Männer mitbringen müssen, ob Jungen vielleicht mehr an Weiblichkeitsbildern oder einer schlechten Qualifizierung der Frauen leiden usw., das wurde alles bislang nicht untersucht. Deshalb ist nicht besonders intelligent, einfach mehr Männer zu fordern, ohne zu wissen, was dies bewirkt und ob es Jungen wirklich nützt. Ein Thema für Jungenpolitik ist allemal, dies zu klären (oder klären zu lassen). Am anderen Ende des Jungeseins sind Einengungen von Jungen auf eine „monooptionale Berufsorientierung" hin bedeutsam. Das Männliche ist so eng an Berufsarbeit gekoppelt, dass andere biografische Optionen weit nach hinten gestellt werden müssen. Jungenpolitik hat sich hier für eine Öffnung einzusetzen.

7.2 Bildung

Mit ihrer Perspektive aufs Gelingende und aus ihrer Sorge für eine gute Entwicklung von Jungen hat Jungenpolitik Interesse an *Bildung* für Jungen. Dass und wie besonders die schulischen Leistungen und Misserfolge von Jungen im Bildungswesen seit den PISA-Studien auch öffentlich in den Blick genommen werden, sollte Jungenpolitik mobilisieren (zu den folgenden Aspekten vgl. Budde 2008; Maaz et al. 2011; Rieske 2011; Preuss-Lausitz 2012): Jungen mit Migrationshintergrund müssen bereits in der Grundschule oft eine Klasse wiederholen. Sie erreichen meist nur niedrige Schulabschlüsse. Hoher Medienkonsum und schlechte Schulleistungen hängen eng zusammen. Viele Jungen bleiben zunächst ohne Schulabschluss, ein Teil holt dies allerdings später nach. Ein Teil der männlichen Jugendlichen, vor allem junge männliche Migranten haben sehr große Schwierigkeiten auf dem Arbeitsmarkt. Jungen bleiben bei der Wahl von Ausbildungswegen und Berufen oft an traditionelle Geschlechtsbilder orientiert. Im fortschreitenden Wandel der Arbeitsgesellschaft kann sich dies als Nachteil erweisen.

Gleichzeitig ergreifen junge Männer häufig gut bezahlte und karriereorientierte Berufe und sind in ihrer beruflichen Laufbahn erfolgreich. Dieses heterogene Bild rechtfertigt den Eindruck nicht, „die" Jungen seien „Bildungsverlierer". Dennoch ist offensichtlich, dass ein Teil der Jungen besondere – auch geschlechtsbezogene – Unterstützung in der Schule benötigt. Allerdings sind die Formen und Wege dieser Förderung bislang völlig unklar. Das Schlagwort einer „Feminisierung des Bildungswesens" ist schnell hingesagt. Wie aber soll eine korrigierende „Maskulinisierung" aussehen? Genügen dafür Rugby und Klettern? Müssen alle Aufsatzthemen mit Technik und Fußball gekoppelt werden? Brauchen besondere Jungengruppen eine spezielle, auch geschlechtsbezogene Förderung? Und was verspricht hier Erfolg: vielleicht muttersprachliche, männliche Lehrer? Was geschieht dabei mit den vielen Jungen, die in einer „feminisierten" Schule erfolgreich sind (das ist ja nach wie vor die Mehrzahl)? Werden die möglicherweise schlechter, wenn sie sich nicht für Fußball und Technik interessieren? Jungenpolitik sorgt hier für Aufhellung und Differenzierung: Allgemein gegenüber der Politik, der politischen Verwaltung und Öffentlichkeit, gegenüber den Medien, Wissenschaft und Forschung.

7.3 Sexualität

Die Sexualität von Jungen (und Männern) ist häufig Anlass zu Sorge und Kritik (vgl. Matthiesen 2013; Wanielik 2013). Gleichwohl wird die sexuelle Bildung von Jungen vernachlässigt und weitgehend kommerziellen Interessen überlassen. Hier ist Jungenpolitik gefordert. Wo sich Jungensexualität kritisch entwickelt, ist das ein Hinweis auf problematische Aneignungssituationen, die von „schwierigen" Erwachsenen verursacht wird: Sie stellen dem entsprechend eine wichtige Zielgruppe für Jungenpolitik dar. Empirische Fragen zur *Jungensexualität* seriös zu beantworten ist kaum möglich, denn die „harte" Datenlage ist schlecht: Wir wissen viel über „Jugendsexualität", die Gendersichtweise bleibt auf Grundkategorien (Mädchen | Jungen) beschränkt (allenfalls nach Migration wird zusätzlich differenziert; vgl. BZGA 2010). So wird Differenz hergestellt, Unterschiede unter Jungen werden verdeckt, Geschlechterstereotypen bedient und verstärkt. Repräsentative Daten zu Differenzierungen *unter* Jungen gibt es in Bezug auf Sexualität nicht. Die Perspektive auf Jungen und ihre Sexualität als eigenes Thema scheint Politik, Wissenschaft und verantwortliche Institutionen nicht zu interessieren (in der Shell-Studie ist Sexualität zum Beispiel kein Thema). Jungen wird durch Geschlechterideologien zwar immer noch die Verantwortung für Sexualität zugeschoben (vgl. Winter und Neubauer 2004), die Aneignung von Sexualität wird von der Gesellschaft aber viel zu wenig produktiv begleitet. Wirkliche Unterstützung, Begleitung oder Hilfestellung können Jungen von Eltern, Schule oder Jugendarbeit kaum erwarten. Bis zum Ende der Schulpflicht nach der 9. Klasse hat ein durchschnittlicher Junge mindestens 1200 Unterrichtsstunden Deutsch und immerhin rund 600 h Religion erlebt[1]. Wenn er Glück hat, waren es im gleichen Zeitraum 15 h explizite Sexualkunde (nicht mitgerechnet einige Stunden Biologie, in denen es um die Fortpflanzung des Menschen ging). Wie eine aktuelle Studie zeigt, haben vier Fünftel der Schulen in Deutschland kein sexualpädagogisches Konzept (Helming und Kindler

---

[1] Hochrechnung nach Stundentafeln und Erfahrungswerte nach Aussagen von Lehrerinnen und Lehrern.

2011, S. 13). Jungen erwarten sich von der Schule Basis-Informationen, kognitive Kompetenz und offizielle Bestätigung oder Korrektur ihres anderswo angeeigneten (Halb-)Wissens[2]. Erhalten Jungen dies nicht, weichen sie auf erfolgversprechendere, aber nicht seriöse Quellen aus (insbesondere Medien und gleichaltrige Jungen). Zudem entstanden und entstehen durch die Nutzung von Internetpornografie völlig neue Freiräume, aber auch Fragen, innere Spannungen und Konflikte bei Jungen. Resonanz auf ihre Aneignungsversuche erhalten Jungen überwiegend dann, wenn sie Fehler machen oder Grenzen überschreiten.

Dieser unhaltbare Zustand ist ein wichtiges Thema für Jungenpolitik. Jungen kommen im übrigen nicht mit einer problematischen Sexualität auf die Welt. Wenn sich Sexualität schwierig entwickelt, ist das ein Hinweis auf eine problematische Aneignungssituation, die stark mit „schwierigen" Erwachsenen zusammen hängt: Diese stellen dem entsprechend ebenfalls eine wichtige Zielgruppe für Jungenpolitik dar.

7.4 Gewalt

Jungen sind häufig als Opfer von körperlicher und psychischer *Gewalt* betroffen, insbesondere auch durch andere Jungen. Dieser Aspekt der Gewalt wird fachlich und öffentlich nicht oder nicht genügend registriert. Männlichkeitsfixierte Wahrnehmungsfilter blenden die Möglichkeit aus, dass Jungen Opfer von Gewalt sind. Betroffenen Jungen fällt es entsprechend schwer, mit ihren Erfahrungen „als Junge", mit ihrem Opferstatus zurecht zu kommen (vgl. Lenz 2000). Jungenpolitik vertritt diese Jungen: Sie sorgt für die Anerkennung von Jungen als Opfer, für Schutz und Selbstverteidigung gefährdeter Jungen, für Aggressionskultivierung potenzieller Täter-Jungen und für die Qualifizierung von Fachkräften usw. *Sexuelle Gewalt* gegen Jungen blieb lange „doppelt" tabuisiert (als Tabuisierung sexueller Gewalt allgemein und weil sich Männlich- und Opfersein schlecht in Deckung bringen lassen). Durch die Skandale in Bildungs- und Erziehungseinrichtungen hat sich die Wahrnehmung geändert, nicht aber das Problem, wie Jungen männlich und Opfer sein können. Hier hat sich Jungenpolitik für eine fachliche Qualifizierung einzusetzen. In der Öffentlichkeit und auf vielen politischen Bühnen werden Jungen häufig als gefährlich, etwa als Kriminelle oder Gewalttäter dargestellt, auch wenn die überwiegende Zahl der Jungen weder kriminell noch gewalttätig ist. Damit wird Männlich-Sein mit Aggressivität und Täterstatus assoziiert. Jungenpolitik hat dafür zu sorgen, diese Bilder zu korrigieren und zu entkoppeln.

---

[2] Vgl. Neubauer und Winter (2004, S. 169 und 261 ff.).

7.5 Gesundheit

Die meisten Jungen sind zwar gesund. Dennoch weisen viele Statistiken auf Probleme bei der *Gesundheit* von Jungen hin (vgl. Stier und Winter 2013). Im Hinblick auf die spezielle Jungengesundheit sind etwa Erkrankungen des Hodens bedeutsam. Qualifizierte Informationen für Jungen in Bezug auf Hodenerkrankungen – beispielsweise die Folgen des Hodenhochstands oder die Hodentorsion betreffend – gibt es nicht. Etwa 15–20 % der Jungen sind von Varikozelen betroffen, was neben den Kosten einer operativer Behandlung auch erhebliche Folgekosten (Infertilitätsbehandlung) nach sich ziehen kann (Varikozelen werden bei ca. 30 % der infertilen Männer als Ursache diagnostiziert). Trotz einer stetigen Zunahme der Erkrankungen an Hodenkrebs – die bei jungen Männern häufigste Krebserkrankung – sind derzeit keine Präventionsbemühungen auszumachen. Im Bereich der allgemeinen Jungengesundheit sind Jungen von zwei äußeren Todesursachen – nämlich Unfälle und Suizid – häufig betroffen. In beiden Gebieten gibt es aber keine Vermittlung von Risikokompetenzen, keine Prävention oder spezielle Beratungsangebote für Jungen. Anders als etwa in der Schweiz fehlt in Deutschland auch die geschlechtsbezogen qualifizierte Prävention von Unfällen und Verkehrsunfällen. Der Bedarf, hier jungenbezogene Präventions- und Interventionsformen bereitzustellen, ist unübersehbar – ein Thema und eine Aufgabe für Jungenpolitik. Im Bereich der psychischen Jungengesundheit (vgl. Neubauer und Winter 2013) ist ADHS überwiegend ein Jungenproblem und die exzessive Verordnung von Medikamenten höchst zweifelhaft. Differenzierungen sind auch im Bereich der Gesundheit erforderlich: So verhalten sich Jungen mit einem niedrigeren Sozialstatus und arme Jungen insgesamt riskanter in Bezug auf ihre Gesundheit[3]. Sehen zum Beispiel rund 21 % der Jungen im Durchschnitt an Schultagen mehr als vier Stunden fern, sind es bei armen Jungen 32 %. Ohne Frühstück in die Schule gehen 13 % der Jungen, bei armen Jungen sind dies 22 %. Unterschichtsjungen leben gesundheitsriskanter. Armut scheint sich für Jungen in dreifacher Hinsicht ungesund auszuwirken: Sie erhalten zuhause weniger „Gesundheitsstruktur bzw. –kultur" durch die Eltern (z. B. Frühstück vor der Schule, Grenzen bei Fernsehen und Computerspielen), sie tun mehr des Ungesunden und sie tun weniger vom Gesunden. Angesichts eines steigenden Armutsrisikos für Kinder und Jugendliche[4] sollten arme Jungen und Jungen aus unteren sozialen Schichten deshalb als besondere Zielgruppe der Jungenpolitik Beachtung finden. In allen diesen Aspekten wäre wahrnehmbare Jungenpoli-

---

[3] Daten: HBSC-Studie 2002 (NRW, Hessen, Sachsen, Berlin).

[4] Bundesministerium für Arbeit und Soziales: Lebenslagen in Deutschland. Der 3. Armuts- und Reichtumsbericht der Bundesregierung. Berlin 2008.

tik dringend notwendig. Ihren Bedarf zeigte auch kürzlich der Umgang mit der männlichen Genitalverstümmelung: Im Zweifel wird auf die Unversehrtheit von Jungen offenbar wenig Rücksicht genommen; nach nur einer Anhörung im Deutschen Bundestag und bei äußerst fragwürdiger Datenlage wurde relativ schnell die Beschneidung von Jungen unter dem Druck legislativer Notwendigkeiten erlaubt; möglicherweise wird die Gesundheit vieler Jungen unreflektiert einem scheinbaren Religionsfrieden geopfert. Wenn es dem Staate dient, so die Botschaft, darf das Recht von Jungen auf Gesundheit umstandslos beschnitten werden.

Schlussbemerkung 8

Bereits der kurze und ausschnitthafte Einblick in Themen der Jungenpolitik verdeutlicht, dass sich Jungenpolitik nicht mit einer bloßen Benennung und Skandalisierung zufrieden geben kann. Jedes dieser Themen ist in sich komplex. Gleichwohl hängen alle Themen auch mit sozialen Männlichkeitsbildern und -vorstellungen und mit deren Umsetzung oder Agieren durch Jungen (oder einen Teil der Jungen) zusammen. Vor diesem Hintergrund ist Jungenpolitik zuerst Fachpolitik, die solche Themen erschließen hilft und dazu beiträgt, wirksame Veränderungsstrategien zu entwickeln. Sie zu entfalten und weiter zu stabilisieren – z. B. durch Ausbau und strukturelle Verankerung von Jungenarbeit oder durch Jungenforschung (vgl. Beirat Jungenpolitik, S. 230) – scheint dringend geboten.

R. Winter, *Jungenpolitik*, essentials,
DOI 10.1007/978-3-658-05120-4_8, © Springer Fachmedien Wiesbaden 2014

Literatur

Aktionsrat Bildung. 2009. Geschlechterdifferenzen im Bildungssystem. Jahresgutachten 2009. Hrsg. von der vbw – Vereinigung der Bayerischen Wirtschaft e. V. http://www.aktionsrat-bildung.de/fileadmin/Dokumente/Geschlechterdifferenzen_im_Bildungssystem__Jahresgutachten_2009.pdf Zugegriffen: 14. Feb. 2014.

Beirat Jungenpolitik, Hrsg. 2013. *Jungen und ihre Lebenswelten – Vielfalt als Chance und Herausforderung.* Opladen: Barbara Budrich.

Bundesarbeitsgemeinschaft Evangelische Jugendsozialarbeit e. V., Hrsg. 2013. *Junge! Junge! Pädagogische Arbeit mit Jungen und jungen Männern in der Jugendsozialarbeit.* Stuttgart: BAG EJSA.

BAG Jungenarbeit. 2011. Positionspapier. Stand: Mai 2011. http://www.bag-jungenarbeit.de/files/BAGJA_Positionen.pdf. Zugegriffen: 14. Feb. 2014.

Bentheim, Alexander, Michael May, Benedikt Sturzenhecker, und Reinhard Winter. 2004. *Gender Mainstreaming und Jungenarbeit.* Weinheim: Juventa.

Budde, Jürgen. 2008. Bildungs(miss)erfolge von Jungen und Berufswahlverhalten bei Jungen/männlichen Jugendlichen. Hrsg. Bundesministerium für Bildung und Forschung Bonn. http://www.bmbf.de/pub/Bildungsmisserfolg.pdf Zugegriffen: 14. Feb. 2014.

BZgA, Hrsg. 2010. *Jugendsexualität 2010. Repräsentative Wiederholungsbefragung von 14- bis 17-Jährigen und ihren Eltern – aktueller Schwerpunkt Migration.* Köln: BZgA.

Deutscher Bundestag. 2009. Bericht über die Lebenssituation junger Menschen und die Leistungen der Kinder- und Jugendhilfe in Deutschland – 13. Kinder- und Jugendbericht – und Stellungnahme der Bundesregierung. http://www.dji.de/bibs/13_Kin- der_und_Jugendbericht_DRS_1612860.pdf. Zugegriffen: 11. Okt. 2011.

Deutscher Bundestag, wissenschaftliche Dienste. 2010. Aktueller Begriff: Männer- und Jungenpolitik. http://www.bundestag.de/dokumente/analysen/2010/Maenner-_und_Jungenpolitik.pdf. Zugegriffen: 14. Feb. 2014.

Helming, Elisabeth, und Heinz Kindler. 2011. Sexuelle Gewalt in Institutionen. Ergebnisse aus dem Forschungsprojekt des Deutschen Jugendinstituts e. V. *Thema Jugend* 4:13–15.

Hurrelmann, Klaus, und Tanjev Schultz, Hrsg. 2012. *Jungen als Bildungsverlierer. Brauchen wir eine Männerquote in Kitas und Schulen?* Weinheim: Beltz Juventa.

Lenz, Hans-Joachim, Hrsg. 2000. *Männliche Opfererfahrungen. Problemlagen und Hilfeansätze in der Männerberatung.* Weinheim: Juventa.

Lipkow, Dietmar. 2010. Arbeitsgemeinschaften nach § 78 JKHG: Strukturen bilden. In *Praxis der Jungenarbeit,* Hrsg. Benedikt Sturzenhecker und Reinhard Winter, 137–141.

R. Winter, *Jungenpolitik,* essentials,
DOI 10.1007/978-3-658-05120-4, © Springer Fachmedien Wiesbaden 2014

Maaz, Kai, Franz Baeriswyl, und Ulrich Trautwein, Ulrich. 2011. Herkunft zensiert? Leistungsdiagnostik und soziale Ungleichheiten in der Schule. Hrsg. Vodafone Stiftung Deutschland. Düsseldorf.

Matthiesen, Silja. 2013. Jungensexualität. In *Jungen und Gesundheit,* Hrsg. Bernhard Stier und Reinhard Winter, 254–266. Stuttgart: Kohlhammer.

Neubauer, Gunter, und Reinhard Winter. 2010. Jungengesundheit in Deutschland: Themen, Praxis, Probleme. In *Erster Deutscher Männergesundheitsbericht,* Hrsg Doris Bardehle und Matthias Stiehler, 30–70. München: Zuckschwerdt.

Neubauer, Gunter, und Reinhard Winter. 2013. Sorglos oder unversorgt? Zur psychischen Gesundheit von Jungen. In *Männergesundheitsbericht 2013. Im Fokus: Psychische Gesundheit,* Hrsg. Lothar Weißbach und Matthias Stiehler, 103–140. Bern: Hans Huber.

S. Preuss-Lausitz, Ulf. 2012. Der hilflose Umgang mit Jungen in Schule und Pädagogik. In *Jungen als Bildungsverlierer. Brauchen wir eine Männerquote in Kitas und Schulen?* Hrsg. Klaus Hurrelmann und Tanjev Schultz, 31–46. Weinheim: Beltz Juventa.

Rieske, Thomas V. 2011. *Bildung von Geschlecht. Zur Diskussion um Jungenbenachteiligung und Feminisierung in deutschen Bildungsinstitutionen.* Frankfurt a. M.: GEW.

Stier, Bernhard, und Reinhard Winter. 2013. *Jungen und Gesundheit. Ein interdisziplinäres Handbuch für Medizin, Psychologie und Pädagogik.* Stuttgart: Kohlhammer.

Theunert, Markus. 2012. *Männerpolitik. Was Jungen, Männer und Väter stark macht.* Wiesbaden: Springer VS.

Theunert, Markus. 2013. *Co-Feminismus. Wie Männer Emanzipation sabotieren – und was Frauen davon haben.* Bern: Hans Huber.

Wanielik, Reiner. 2013. Jungen – sexuelle Beziehungen und Orientierungen. In *Jungen und Gesundheit. Ein interdisziplinäres Handbuch für Medizin, Psychologie und Pädagogik,* Hrsg Bernhard Stier und Reinhard Winter, 267–272. Stuttgart: Kohlhammer.

Winter, Reinhard, und Gunter Neubauer. 2004. *Kompetent, authentisch und normal? Aufklärungsrelevante Gesundheitsprobleme, Sexualaufklärung und Beratung von Jungen.* BZgA Fachheftreihe, Bd. 14. Köln: BZgA.

Winter, Reinhard. 2011. *Jungen – eine Gebrauchsanweisung. Jungen verstehen und unterstützen.* Weinheim: Beltz.